AF315874

SUR

L'IMPORTANTE QUESTION

DU MARIAGE

DES

PRÉVENUS D'ÉMIGRATION,

SUIVIE

DE LA DÉCISION AFFIRMATIVE

DU MINISTRE DE L'INTÉRIEUR.

TROISIÉME ÉDITION.

A PARIS,

Chez DESENNE, *Libraire, Palais du Tribunat,*
N°. 2.

Messidor, an IX, Juin 1801.

LA MAIRIE DU IXe ARRONDISSEMENT,

Au Cit. POIRIER, Jurisconsulte.

C ITOYEN,

L'intérêt du Pacte civil que vous venez de défendre dans votre Mémoire, sur le pouvoir qu'ont les Prévenus d'émigration de contracter mariage en France, et la Décision aussi sage que naturelle que vient de donner le Ministre de l'Intérieur aux Questions que vous lui aviez soumises, sont faits pour intéresser tous les Corps administratifs. Il nous serait bien agréable de pouvoir nous procurer trois exemplaires de votre Mémoire ; veuillez bien, je vous prie, nous indiquer quel est le Libraire ou Imprimeur chez lequel on peut le trouver.

Salut et considération intime,
J. P. LEDRU, Adjoint.

Paris, *le 2 messidor de l'an 9*
de la République française.

LA MAIRIE DU IXe ARRONDISSEMENT,

Au Cit. POIRIER, *Jurisconsulte.*

CITOYEN,

Recevez nos remercîmens de l'envoi que vous avez bien voulu nous faire de votre excellent Mémoire, dont nous avons transmis les exemplaires aux onze autres Mairies de Paris. Le sujet intéressant que vous avez traité avec autant de méthode que de laconisme, et la décision juste du Ministre de l'Intérieur, ne peuvent que rendre le plus grand service à la Société ainsi qu'au Gouvernement.

Salut et considération intime,
J. P. LEDRU, Adjoint.

Pour copies conformes aux Originaux au pouvoir du Jurisconsulte soussigné.

POIRIER.

MÉMOIRE

Département
des
ARDENNES.

OBJET.
Ancien Militaire blessé, pensionné et rayé provisoirement, demandant à contracter mariage.

Présenté au Ministre de l'Intérieur, le 12 Floréal an 9, au nom du citoyen BERNARD - HENRI - JOSEPH MONTAGNAC, *du département des Ardennes, ancien Militaire blessé, pensionné et rayé provisoirement de la Liste des Emigrés, suivi de la Décision Ministérielle du 6 Prairial an 9.*

Citoyen Ministre,

BERNARD-HENRI-JOSEPH MONTAGNAC, âgé de 25 ans, domicilié à la Moncelle, près Sédan, département des Ardennes, rayé provisoirement de la liste des émigrés, par arrêté du Préfet, en date du 9 Prairial, an 8, demande, en attendant son élimination définitive, qu'il lui soit permis de contracter mariage. Voici les circonstances dans lesquelles il se trouve :

FAITS.

L'exposant fut envoyé en 1787, par sa

mère, en Allemagne, pour apprendre les langues étrangères et perfectionner son éducation. Il n'avait alors que douze ans.

Ses études finies, il revint en France et s'engagea au service de la République, dans le 6ᵉ. régiment de chasseurs à cheval ; mais s'étant luxé l'épaule, par suite d'une chûte de cheval, il eut la douleur d'être obligé de renoncer au service ; sa situation lui fit une nécessité de demander un congé absolu.

Pendant le tems qu'il se dévouait ainsi pour sa patrie, la malveillance l'inscrivit sur la liste des émigrés.

Aussitôt qu'il en fut instruit, il réclama et poursuivit sa radiation devant le Préfet du département des Ardennes, qui, à la seule inspection de ses pièces, n'a pas hésité de la prononcer par son arrêté du 9 Prairial, an 8.

Bientôt après, il a prêté le serment de fidélité à la constitution ; en un mot, il n'a négligé aucune des formalités prescrites par les lois pour assurer sa qualité de Français et tous ses droits de citoyen.

Ces faits sont établis de la manière la plus victorieuse par ses pièces qui ont été transmises au Ministre de la Police le 7 messidor, an 8, et enregistrées dans ses bureaux sous le N°. 18,826..

L'exposant ajoutera qu'il a été admis, comme défenseur de la patrie, à jouir de la récompense nationale..

Dans cette position, il demande la permission de contracter mariage.

Cette permission doit - elle lui être accordée ? doit-elle lui être refusée ?

Telle est la question qu'il a l'honneur, citoyen Ministre, de soumettre à votre sagesse..

La solution de cette question importe autant au gouvernement qu'à une foule d'individus qui sont dans la position de l'exposant. Si jusqu'à présent ceux-ci ont été privés de l'avantage de se marier, et par conséquent de former des établissemens avantageux, l'état a perdu l'excédent de population que ces mariages auraient nécessairement produit, et par conséquent aussi il a perdu tout le fruit du travail et de l'industrie des époux.

Une lacune aussi considérable, et dans le renouvellement des générations, et dans la masse des richesses industrielles, mérite sans doute la plus grande attention de la part du gouvernement. C'est ce qui détermine l'exposant à aborder cette question avec plus de confiance.

M O Y E N S.

Contre la célébration des mariages entre les inscrits sur la liste des émigrés, on ne manque pas d'opposer la peine de mort civile prononcée contre l'émigration. « Le mariage,
» dit-on, étant un contrat civil, l'émigré
» étant mort civilement, il est clair qu'il
» est inhabile à former un tel engagement,
» donc son mariage est radicalement nul.
» Pourquoi l'autoriser à faire ce qui ne peut
» avoir aucune existence légale et ce que les
» lois réprouvent ? »

Voilà tout ce qu'on peut dire en point de droit de plus spécieux contre les mariages des émigrés ; mais cet argument n'est pas sans réponse ; il est dans le cas de ceux qui, pour vouloir trop prouver, ne prouvent rien, ou auxquels, en donnant trop de latitude, on est obligé d'en restreindre les conséquences ; c'est ce qu'il est facile de démontrer.

D'abord la raison et la justice veulent impérieusement qu'on distingue entre le Français suspect seulement d'émigration, et le Français vraiment émigré, entre celui qui est inscrit mal-à-propos sur la liste et qui a réclamé dans un tems utile, et celui qui y est inscrit à juste titre et qui n'a réclamé dans aucun tems ; enfin, entre celui qui est rayé provisoirement et celui qui n'a fait aucune démarche pour obtenir sa radiation.

On ne peut pas dire que le premier soit précisément émigré. Si son inscription le fait présumer tel, sa réclamation et sa radiation provisoire détruisent cette présomption et mettent les esprits dans un tel état de suspension et d'incertitude qu'il serait aussi imprudent d'affirmer le fait de l'émigration que de le nier.

Or, dans le doute, il faut toujours décider pour le parti le plus doux et le plus favorable, c'est ce qu'enseignent tous les philosophes, tous les politiques, tous les jurisconsultes ; et de cet accord si unanime est venue cette maxime si connue dans le droit : *Semper in dubiis benigniora præferenda sunt. L. 56 de Divers., reg., juris.*

A 4

Ce doute et la faveur qui y est attachée ne peuvent être invoqués par le second. Son inscription et son défaut de réclamation sont autant de titres qui l'accusent et déposent contre lui de la vérité de son émigration. Il est par rapport au gouvernement dans la position d'un coutumace qui, vis-à-vis de la justice, a laissé écouler le délai marqué pour se représenter.

Si toute la faveur est due au premier avec autant d'étendue qu'elle est restreinte au second, on ne voit pas quel empêchement le gouvernement pourrait mettre à son mariage.

Dans l'état où il se trouve, il a tous les droits présumés des Français habitants la France, puisque lui étant permis d'y résider provisoirement, il doit y jouir aussi provisoirement de tous les droits d'habitation.

Or, l'acte de déclaration de mariage étant un acte de la jurisdiction du lieu de l'habitation ou du domicile des contractans, il faut aller jusqu'à prétendre que l'homme qui jouit provisoirement d'un droit d'habitation en France ne peut s'y marier, c'est à dire, y faire constater son mariage suivant les lois de la France : système qui répugne à la raison.

Le mariage en lui-même est un acte de la nature qui peut être contracté par toute la terre, sans l'intervention de la puissance publique, puisqu'il se forme par le simple consentement des parties, et qu'il n'est rien sans ce consentement.

Tout ce que la puissance publique peut dans cet engagement, est d'en constater l'existence et d'en déterminer les effets; mais constater l'existence d'un acte, en déterminer les effets sont deux choses absolument différentes.

Dans le premier cas, l'Etat ne s'oblige à rien; il atteste comme témoin, sous la foi de l'officier public auquel il a confié cette mission, que tel fait s'est passé, que tel s'est marié avec une telle. Il n'approuve ni ne désapprouve cet engagement, pas plus que l'officier public qui l'a reçu, pas plus que le témoin qui déclare avoir vu les parties contractante.

Dans le second cas, c'est à dire, par la dénégation ou la concession des effets civils du mariage, l'Etat approuve ou désapprouve; alors il s'oblige à soutenir sa détermination, quelqu'en soit le résultat.

Ainsi, comme l'inscription dans les registres publics d'un acte de mariage d'un homme suspect d'émigration, n'est rien par rapport au gouvernement et ne touche en rien à son droit de permettre ou d'empêcher les effets civils du mariage, le gouvernement, en refusant de recevoir dans ses registres la déclaration de mariage du suspect d'émigration, blesserait le principe du droit naturel qui défend de refuser ce qui ne coûte pas à donner. *Quidquid sine detrimento possit commodari, id tribuatur ignoto.* Cic. de officiis, lib. I, cap. XVI.

En effet, de deux choses l'une : ici, ou l'individu qui demande à se marier sera déclaré émigré en définitif, ou il sera reconnu non émigré définitivement.

Dans le premier cas, son acte de déclaration de mariage ne lui servira de rien en France ni à lui ni à ses enfans, puisqu'étant mort civilement pour la France, cet acte n'y aura aucun effet civil et sera absolument anéanti.

Dans le second cas, le gouvernement gagne une famille de plus, il gagne une augmentation de population, il gagne une plus grande somme d'imposition et de richesses, il s'entoure de nouveaux liens d'affection et d'attachement.

Qu'il eût été plus grand l'avantage du gouvernement si, en les rayant tous provisoirement, il leur eût permis de se marier !!!

Mais que deviendront, dira-t-on, la femme et les enfans de l'individu déclaré irrévocablement émigré ?

Puisque l'Etat regarde cet émigré comme étranger à sa patrie, il ne peut ni ne doit, d'après les maximes de sa politique, il ne peut ni ne doit s'occuper de son sort, ni regretter sa perte.

A l'égard de la femme et des enfans, celle-ci suivra le sort de son mari, si elle lui est tellement attachée qu'elle lui sacrifie sa patrie ; ceux-là suivront le sort de leur père et de leur mère, s'ils sont mûs par les mêmes sentimens. Puisque les affections de la nature l'emportent en eux sur les affections qu'ils doivent aux lieux qui les ont vus naître, c'est par une abjuration volontaire et par leur fait personnel qu'ils sont à l'avenir étrangers à la France.

Au contraire , si la femme et les enfans préfèrent leur patrie , celle-ci à son mari et ceux-là à leur père , la femme , réclamant alors la loi du divorce , peut trouver un nouvel époux ; les enfans , aidés par leur mère et par sa famille , peuvent former d'utiles établissemens et devenir d'excellens citoyens.

Ainsi , sous ce point de vue , l'Etat gagne infiniment à laisser même aux véritables émigrés la liberté de contracter mariage en France , et il ne perd rien , parce que , supposé que la femme et les enfans suivent le sort de leur mari et de leur père , l'Etat n'a point de regrets à former sur la perte des individus qui ont fait abjuration volontaire de leur patrie.

Mais la perte de l'état est incalculable quand on porte ses regards sur les individus qui , rayés provisoirement , le seront en définitif. Ceux-là auraient formé déjà de nombreuses familles , ils auraient déjà un grand nombre d'enfans , et le lien de la famille et le lien de la paternité , en les attachant au sol de la France , auraient fixé pour jamais leur attachement au gouvernement.

Au lieu que l'état d'incertitude où ils sont

sur leur destinée les force à se regarder comme une énigme à eux-mêmes, ignorant s'ils sont Français ou étrangers, n'osant faire des vœux pour la prospérité d'une patrie qui ménace à chaque instant de les rejeter de son sein; ils existent sans exister pour la France et aucun autre pays. Voilà donc une foule d'individus qui pouvaient être utiles aux lieux qu'ils habitent, sans même y jouir des droits de citoyens, qui, frappés aux yeux de la loi d'une mort civile, paralysés dans tout leur être, sont assimilés à des êtres inanimés.

A la vue de tant d'inconvéniens si visiblement contraires aux intérêts de l'Etat, il n'est pas possible qu'il tienne rigueur à la doctrine funeste de la mort civile contre les émigrés pour les empêcher de contracter mariage. L'empêchement qu'il mettrait à leur égard à toute déclaration de mariage devant l'officier public, serait un acte aussi contraire au droit naturel que préjudiciable à lui-même, puisque d'une part, comme on l'a démontré, il blesserait le principe qui défend de refuser ce qui ne coûte rien à donner, et que, d'autre part, il se prive de l'excédent de population qui naîtrait de ces mariages.

Si aucune de ces raisons ne pouvait chan-
ger le système du gouvernement, la position
de l'exposant mériterait une exception en sa
faveur. C'est un militaire blessé au service de
la République, c'est un militaire qu'elle a
pensionné : pourrait-elle refuser à un homme
qu'elle a comblé de ses bienfaits le droit de
suivre le vœu de la nature ?..... Ce serait ré-
compenser et punir tout-à-la-fois. Une pareille
contradiction ne peut exister sous un gouvernement qui pour la continuité de ses
actes de justice et de bienfaisance fait oublier
les effroyables maux des tems de terreur
et d'anarchie.

Dans ces circonstances, citoyen Ministre,
l'exposant demande qu'il lui soit permis de
procéder à la célébration de son mariage, en
attendant sa radiation définitive.

Justice ! Humanité ! Respect !

Signé, P O I R I E R,

Ancien Jurisconsulte et fondé de
pouvoirs, au Grand Hôtel de
Luynes, N°. 1055, rue Saint-
Dominique, à Paris.

N O T A.

D'APRÈS les raisons et les considérations démontrées dans le mémoire ci-joint, et qui naissent de l'ordre public, de la population, de la décence et des mœurs (1), est intervenu la décision énoncée en la lettre suivante :

Paris, ce 6 Prairial, an 9.

LE MINISTRE DE L'INTÉRIEUR,

Au cit. Poirier, de Dunkerque, Juris-consulte, maison de Luynes, n°. 1055, rue St.-Dominique.

« J'ai reçu, citoyen, le Mémoire que vous
» m'avez adressé en faveur du citoyen Mon-
» tagnac, ancien militaire blessé, pen-
» sionné et rayé provisoirement de la liste
» des émigrés.

» Vous craignez que l'Officier civil de sa
» commune ne refuse de recevoir la déclara-
» tion de son mariage, parce que ce citoyen
» est encore sous la prévention de l'émigra-
» tion.

» Il n'appartient pas à ces Officiers de
» juger de l'état des personnes. Ils doivent

____

(1) Voyez les Journaux des 20, 21, 23, 24 et 25 Prairial, et notamment ceux des Débats et du Palais.

» seulement s'assurer si elles ont les qualités
» et si elles ont rempli les conditions re-
» quises par la loi du 20 septembre 1792,
» pour pouvoir contracter mariage, sauf
» aux tribunaux à faire droit sur les ré-
» clamations des parties intéressées. »

Je vous salue,

Signé, CHAPTAL.

Pour copie conforme à l'original au pouvoir du soussigné, ès-noms,

Paris, ce 24 Prairial an 9;

Signé, POIRIER.

De l'Imprimerie de P. A. DEFRÉMERY, rue des
Lavandières, près la place Maubert, N°. 13.